한자, 원리를 알면 쉽게 배운다 ④

스토리텔링으로 배우는
형성한자

기획·편집 어린이 선비교실
그림 홍태희

자유지성사

책머리에

 사슴 한 마리가 있었습니다. 사슴은 자신의 모습을 몹시 자랑스러워하였습니다. 아름다운 뿔, 늘씬한 등허리, 커다란 눈, 모두 아름다웠습니다. 그중에서도 왕관같은 뿔은 사슴의 가장 큰 자랑거리였습니다.
 하지만 긴 다리만은 너무 불만스러웠습니다.
 어느 날이었습니다. 무서운 호랑이 한 마리가 어흥! 하고 달려들었습니다. 사슴은 있는 힘을 다해 도망쳤습니다.
 얼마나 빠르게 달리는지 호랑이도 따라잡을 수가 없었습니다. 그런데 나무가 빼곡하게 들어찬 숲 속에서 사슴은 꼼짝할 수가 없었습니다. 뿔이 나뭇가지에 걸렸던 것입니다. 호랑이는 점점 다가오고 있었습니다.
 "미운 다리는 나를 살리는데 아름다운 뿔이 나를 죽이는구나!"
 사슴은 엉엉 울음을 터뜨리고 말았습니다.
 위의 이야기처럼 한자는 우리 생활에서 없어서는 안 될, 중요한 '사슴 다리' 같은 것입니다. 만약에 어렵다고 생각하고 팽개친다면, 다리가 얼마나 중요한 역할을 하는지를 일찍 깨닫지 못한 사슴처럼 되고 말 것입니다.
 한자는 결코 어려운 공부가 아닙니다. 욕심내지 말고 한 자, 한 자 익히다 보면 여러분은 어느새 한자 박사가 되어 있을 거예요.
 이 책은 여러분을 '한자 박사'로 이끌어 줄 좋은 친구가 될 것입니다.

엮은이 어린이 선비교실

논리력이 쑥쑥
형성한자!

- 모양과 소리를 결합시켜 만든 새로운 글자로, 한쪽은 뜻을 다른 한쪽은 소리를 나타냅니다.

- 어린이가 좋아하는 소재의 그림들로 구성하여 처음부터 끝까지 흥미 있게 공부할 수 있도록 하였습니다.

- 우리 실생활에서 많이 사용하는 활용 단어를 모았습니다.

- 배운 한자를 충분히 연습할 수 있도록 하였습니다.

- 한국어문회에서 실시하는 한자능력검정시험 문제를 기준으로 하였습니다.

한자는 글자 하나하나가 뜻을 지니고 있는 **뜻글자**입니다.
따라서 각각의 한자는 모두 고유한 **모양·뜻·소리**를 가지고 있는데, 이것을 **한자의 3요소**라고 합니다.

모양	日	月	川	牛
뜻	날	달	내	소
소리	일	월	천	우

한자는 만들어진 원리에 따라 **상형·지사·회의·형성**으로 구분합니다. **전주·가차**는 만들어진 글자들을 다른 뜻으로 전용해 쓰는 운용 방법을 말합니다.

상형(象形)

구체적인 사물의 모양을 본떠서 만든 글자

日(일), 月(월)
山(산), 川(천)

지사(指事)

추상적인 생각이나 뜻을 도형적 기호로 나타낸 글자

上(상), 下(하)
本(본), 末(말)

회의(會意)

두 개 이상의 글자를 결합하여 새로운 뜻을 나타낸 글자

林(림), 友(우)
明(명), 信(신)

형성(形聲)

뜻을 나타내는 글자와 음을 나타내는 글자를 합쳐서 새로운 뜻을 나타낸 글자

江(강), 花(화)
村(촌), 晴(청)

한자를 쓰는 순서

1. 왼쪽에 있는 점획부터 차츰 오른쪽으로 써 갑니다.

   川 → ノ 刀 川

2. 위에 있는 점획부터 차츰 아래로 써 내려갑니다.

   二 → 一 二

3. 가로획과 세로획이 교차될 때에는 가로획부터 먼저 씁니다.

   十 → 一 十

4. 삐침 ノ과 파임 乀이 만날 때에는 삐침을 먼저 씁니다.

   人 → ノ 人   大 → 一 ナ 大

5. 글자의 모양에 가운데 부분이 있고, 좌우가 대칭일 때에는 가운데를 먼저 씁니다.

   小 → 亅 小 小   水 → 亅 刁 水 水

6. 바깥쪽과 안쪽이 있을 때에는 바깥쪽을 먼저 씁니다.

   目 → 丨 冂 冃 目 目

7. 전체를 꿰뚫는 획은 나중에 씁니다.

   女 → く 女 女   母 → 乚 母 母 母 母

8. 오른쪽 위의 점은 나중에 씁니다.

   犬 → 一 ナ 大 犬

차 례

少	적을 소	8
客	손님 객	9
童	아이 동	10
重	무거울 중	11
花	꽃 화	12
草	풀 초	13
夏	여름 하	14
秋	가을 추	15
前	앞 전	16
進	나아갈 진	17
低	낮을 저	20
速	빠를 속	21
海	바다 해	22
洋	큰바다 양	23
江	강 강	24
湖	호수 호	25
漁	고기잡을 어	26
村	마을 촌	27
苦	괴로울 고	28
鮮	고울 선	29

都	도회지 도	32
住	살 주	33
所	바 소	34
洞	마을 동	35
地	땅 지	36
統	거느릴 통	37
時	때 시	38
過	지날 과	39
現	나타날 현	40
宇	집 우	41
宙	집 주	44
陽	볕 양	45
校	학교 교	46
室	집 실	47
德	큰 덕	48
語	말씀 어	49
數	헤아릴 수	50
金	쇠 금	51
靑	푸를 청	52
黃	누를 황	53

南	남녘 남	58
貴	귀할 귀	59
育	기를 육	60
空	빌 공	61
受	받을 수	62
哀	슬플 애	63
考	상고할 고	64
存	있을 존	65
在	있을 재	66
定	정할 정	67

可	옳을 가	70
句	글귀 구	71
完	완전할 완	72
年	해 년	73
夜	밤 야	74
百	일백 백	75
千	일천 천	76
去	갈 거	77
尚	숭상할 상	78
固	굳을 고	79
圓	둥글 원	82
星	별 성	83
理	다스릴 리	84
動	움직일 동	85

- 배운 한자를 써 봅시다.
 /18, 19, 30, 31, 42, 43, 54, 55, 68, 69, 80, 81, 86
- 배운 한자의 뜻과 음을 써 봅시다.
 /56, 57, 87

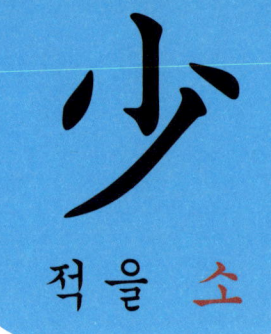

적을 소

적다라는 뜻입니다.
소라고 읽습니다.

글자가 만들어진 과정

⋰⋱ → 小 → 少

小(작을 소)에 丿(삐칠 별:물체의 귀퉁이가 떨어져 나감을 뜻함)을 합하여 만든 글자입니다. 작은 물체의 일부분이 떨어져 나가 그 숫자가 적어진다는 의미입니다. '젊다'라는 뜻으로도 쓰입니다.

순서대로 예쁘게 써 보세요.   亅 小 小 少 4획

낱 말
少年(소년):아주 어리지도, 완전히 성숙하지도 않은 사내아이
少數(소수):수가 적음

客
손님 객

손님이라는 뜻입니다.
객이라고 읽습니다.

글자가 만들어진 과정

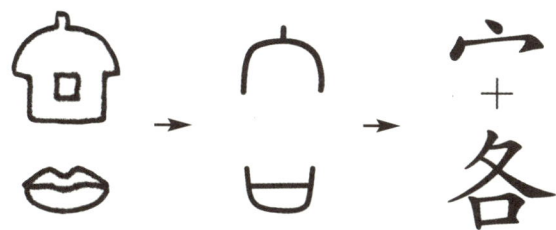

宀(집을 뜻함)에 各(각각 각)을 합하여 만든 글자입니다. 집에 각각의 사람들이 모여든다는 의미로 '손님'을 뜻합니다.

순서대로 예쁘게 써 보세요.

丶 ㆍ 宀 宀 宂 宊 宊 客 客 9획

낱말
乘客(승객) : 배나 차를 타는 손님
客室(객실) : 손님을 거처하게 하거나 응접하는 방

童
아이 동

아이를 뜻합니다.
동이라고 읽습니다.

글자가 만들어진 과정

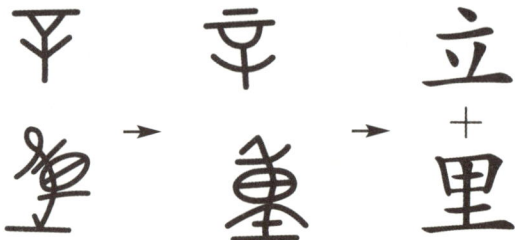

효(幸:노예를 뜻하는 표시의 변형)에 리(重:무거울 중의 획 줄임)을 합하여 만든 글자입니다. 고생스럽게 중노동을 하는 남자종을 어린애 부리듯이 다루었다는 의미가 변하여 '아이'라는 뜻이 되었습니다.

순서대로 예쁘게 써 보세요.

丶 二 亠 칩 立 产 咅 咅 音 音 童 童 童 12획

낱말　兒童(아동):신체적, 지적으로 미숙한 단계에 있는 어린이
　　　童心(동심):순진하고 꾸밈 없는 어린아이의 마음

重
무거울 중

무겁다라는 뜻입니다.
중이라고 읽습니다.

글자가 만들어진 과정

사람이 무거운 짐을 지고 땅에 서 있는 모양을 본떠서 만든 글자입니다. 지고 있는 짐이 매우 무겁다는 것을 의미합니다.

순서대로 예쁘게 써 보세요.

9획

낱 말
重壓感(중압감) : 무겁게 내리누르는 느낌
重要(중요) : 귀중하고 요긴함

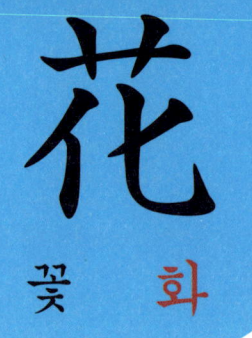

꽃 화

꽃이라는 뜻입니다.
화라고 읽습니다.

글자가 만들어진 과정

풀을 뜻하는 ⺾에 化(변화할 화)를 합하여 만든 글자입니다. 씨앗에서 싹이 트고, 그 싹이 점점 자라서 꽃이 된다는 의미로 '꽃'을 뜻합니다.

순서대로 예쁘게 써 보세요.

一 十 十 艹 艹 芢 花 8획

낱 말
花園(화원) : 꽃을 심은 동산
花粉(화분) : 꽃가루

草

풀 초

풀이라는 뜻입니다.
초라고 읽습니다.

글자가 만들어진 과정

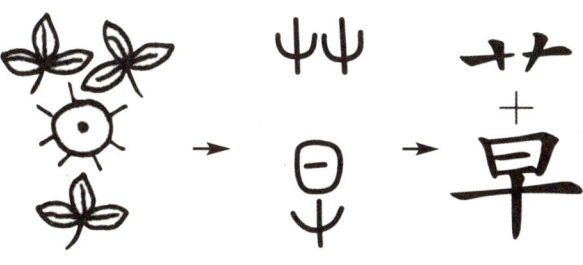

풀을 뜻하는 艹에 부(이를 조)를 합하여 만든 글자입니다. 봄이 되면 맨 먼저 풀이 싹터 나온다는 의미로 '풀'을 뜻합니다.

순서대로 예쁘게 써 보세요.

一 十 艹 艹 艹 艹 苎 苩 艹 草 10획

낱말
草綠(초록) : 풀과 같은 빛깔
草家(초가) : 볏짚·밀짚 따위로 지붕을 인 집

夏
여름 하

여름이라는 뜻입니다.
하라고 읽습니다.

글자가 만들어진 과정

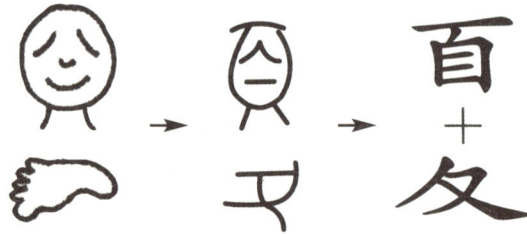

머리 혈의 획 줄임인 百에 천천히 걸어서 뒤에 오는 발을 뜻하는 夂를 합하여 만든 글자입니다. 더워서 머리와 발을 드러내는 때인 '여름'을 의미합니다.

순서대로 예쁘게 써 보세요.

낱말
夏節期(하절기) : 여름철
夏季防學(하계 방학) : 여름에 하는 방학

秋
가을 추

가을이라는 뜻입니다.
추라고 읽습니다.

글자가 만들어진 과정

禾(벼 화)와 火(불 화)를 합하여 만든 글자입니다. 뜨거운 햇살에 벼를 말려서 거두어들이는 '가을'이라는 뜻입니다.

순서대로 예쁘게 써 보세요.

丿 二 千 禾 禾 禾 秆 秋 秋 9획

낱 말
秋夕(추석) : 중추절. 우리나라 명절 중의 하나
晩秋(만추) : 늦가을

앞 전

앞이라는 뜻입니다.
전이라고 읽습니다.

글자가 만들어진 과정

肯 止 멈추어 있는 배 모양
丹 인 음 부분과

刂 刀 (칼 도)의 뜻 부분을
합하여 만들었습니다.

배의 밧줄을 칼로 끊고 앞으로 나아간다는 뜻으로 '앞'을 의미합니다.

순서대로 예쁘게 써 보세요.

丶 丷 丛 亠 步 肯 肯 前 前   9획

낱말 前進(전진): 앞으로 나아감
　　　前生(전생): 이 세상에 태어나기 이전의 세상

進
나아갈 진

나아간다라는 뜻입니다.
진이라고 읽습니다.

글자가 만들어진 과정

辶 쉬엄쉬엄 갈 착의 뜻 부분과

隹 새 추의 음 부분을 합해 만들었습니다.

새가 앞으로 나아가며 거침없이 날아간다는 의미입니다.

순서대로 예쁘게 써 보세요.

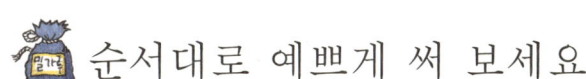 12획

낱말
進出(진출) : 앞으로 나아감. 어떤 방면으로 나섬
進級(진급) : 등급·계급·학년 따위가 오르는 것

 배운 한자를 써 봅시다.

少	客	童	重	花
적을 소	손님 객	아이 동	무거울 중	꽃 화

배운 한자를 써 봅시다.

草	夏	秋	前	進
풀 초	여름 하	가을 추	앞 전	나아갈 진

低
낮을 저

낮다라는 뜻입니다.
저라고 읽습니다.

글자가 만들어진 과정

人 사람 인의 뜻 부분과
氐 근본 저의 음 부분을 합하여 만들었습니다.

사람의 신분이 엄격했던 옛날에는 신분이 낮은 사람이 몸을 낮추고 머리를 숙인다고 하여 人(사람 인)에 氐(근본 저, 천할 저)를 합하여 만든 글자입니다.

순서대로 예쁘게 써 보세요.

ノ 亻 亻 仃 仟 低 低 7획

낱 말
低氣壓(저기압) : 기압이 주위보다 낮은 현상
低速(저속) : 낮고 느린 속도

速
빠를 속

빠르다라는 뜻입니다.
속이라고 읽습니다.

글자가 만들어진 과정

辶 쉬엄쉬엄 갈 착의 뜻 부분과

束 묶을, 약속할 속의 음 부분을 합하여 만들었습니다.

약속 시간에 맞추기 위하여 빠르게 달려간다는 의미입니다.

순서대로 예쁘게 써 보세요.

一 丆 冖 冃 申 東 束 `束 `涑 涑 速 11획

낱말
速度(속도) : 운동 물체가 단위 시간에 통과하는 거리
快速(쾌속) : 매우 빠른 속도

海
바다 해

바다를 뜻합니다.
해라고 읽습니다.

글자가 만들어진 과정

氵 물 수의 뜻 부분과

每 매양 매의 음 부분을 합하여 만들었습니다.

마르지 않고 늘 물이 있는 바다를 뜻합니다.

순서대로 예쁘게 써 보세요.

丶 丶 氵 汀 汇 海 海 海 海 10획

낱말
海物(해물): 바다에서 생산되는 것
海岸(해안): 바닷가

洋
큰바다 양

큰 바다라는 뜻입니다.
양이라고 읽습니다.

글자가 만들어진 과정

氵 물 수의 뜻 부분과

羊 양 양의 음 부분을
합하여 만들었습니다.

수많은 양 떼처럼 출렁이고 있는, 넓고 큰 바다를 의미합니다.

순서대로 예쁘게 써 보세요.
丶 丶 氵 氵 氵 汁 洋 洋 洋 9획

낱 말   遠洋漁船(원양 어선) : 원양 어업을 하기 위하여 어업상의
　　　　　　　　　　　　 설비를 갖춘 배

江

강 강

강이라는 뜻입니다.
강이라고 읽습니다.

글자가 만들어진 과정

氵 물 수의 뜻 부분과

工 장인 공의 음 부분을 합하여 만들었습니다.

처음에는 중국에서 가장 큰 양쯔 강을 의미했으나 지금은 '강'의 뜻으로 쓰입니다.

순서대로 예쁘게 써 보세요.

丶 丶 氵 氵 江 江　6획

江				
江				

낱 말
漢江(한강): 우리나라 중부를 흐르는 강
江邊(강변): 강가. 물가

湖
호수 호

호수라는 뜻입니다.
호라고 읽습니다.

글자가 만들어진 과정

氵 물 수의 뜻 부분과

胡 멀 호의 음 부분을 합하여 만들었습니다.

물이 많고 넓어서 아늑하게 멀리 보이는 '호수'를 뜻합니다.

 순서대로 예쁘게 써 보세요.

丶 丶 氵 汁 汁 汁 汁 汁 湖 湖 湖 湖 12획

湖				
湖				

낱 말
湖水(호수) : 땅이 우묵하게 들어가 넓게 물이 괴어 있는 곳
湖畔(호반) : 호수의 가장자리

漁

고기잡을 어

고기잡다라는 뜻입니다.
어라고 읽습니다.

글자가 만들어진 과정

氵 물 수의 뜻 부분과

魚 고기 어의 음 부분을 합하여 만들었습니다.

물속에 있는 고기를 낚시나 그물로 잡는다는 뜻입니다.

순서대로 예쁘게 써 보세요.

`ヽ ゛ 氵 氵 氵 沪 沪 渔 渔 渔 渔 漁 漁 漁` 14획

| 낱말 | 漁船(어선) : 고기잡이를 하는 배 |
| | 漁夫(어부) : 고기잡이를 업으로 삼는 사람 |

村
마을 촌

마을이라는 뜻입니다.
촌이라고 읽습니다.

글자가 만들어진 과정

木 나무 목의 뜻 부분과

寸 마디 촌의 음 부분을 합하여 만든 글자입니다.

나무가 우거진 숲 속에 집들이 옹기종기 모여 있다는 뜻입니다.

순서대로 예쁘게 써 보세요.

一 十 オ 木 木 村 村 7획

낱말
農村(농촌): 주민들 대부분이 농업을 생업으로 삼는 마을
山村(산촌): 산속에 있는 마을

苦
괴로울 고

괴롭다라는 뜻입니다.
고라고 읽습니다.

글자가 만들어진 과정

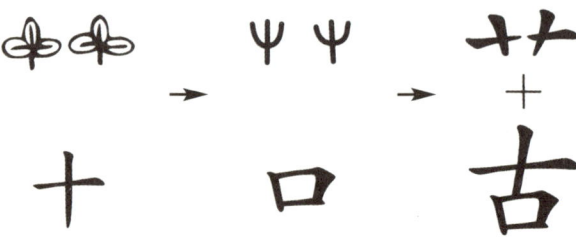

오래되어 맛이 쓴 풀을 먹는 것은 괴롭다는 의미로, ⺿(풀을 뜻함)과 古(옛 고)를 합하여 만든 글자입니다.

순서대로 예쁘게 써 보세요.

一 十 卄 艹 䒑 书 苦 苦 苦   9획

낱 말
苦難(고난) : 괴로움과 어려움
苦痛(고통) : 몸이나 마음의 괴로움과 아픔

鮮
고울 선

곱다라는 뜻입니다.
선이라고 읽습니다.

글자가 만들어진 과정

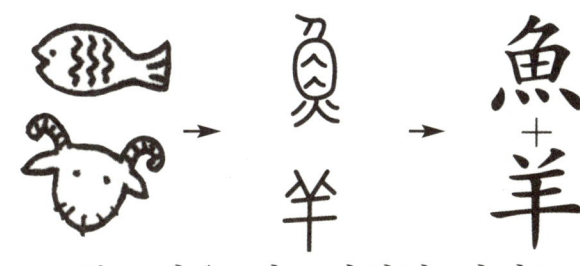

부드러운 양고기처럼 맛있는 물고기는 싱싱하다는 의미로 '곱다'를 뜻하며, 魚(고기 어)와 羊(양 양)을 합하여 만든 글자입니다.

순서대로 예쁘게 써 보세요.

丿 ⺈ ⺈ 𠂊 𫩏 角 甬 甬 魚 魚
魚 𩵋 𩵋 鮮 鮮 鮮 鮮 17획

낱말
鮮明(선명) : 산뜻하고 밝음. 조촐하고 깨끗함
新鮮(신선) : 더러움이 없이 깨끗함

 배운 한자를 써 봅시다.

低	速	海	洋	江
낮을 저	빠를 속	바다 해	큰바다 양	강 강

 배운 한자를 써 봅시다.

湖	漁	村	苦	鮮
호수 **호**	고기잡을 **어**	마을 **촌**	괴로울 **고**	고울 **선**

都

도회지 도

도회지(도시)라는 뜻입니다.
도라고 읽습니다.

글자가 만들어진 과정

者 놈 자의 음 부분과

阝 고을 읍(邑)의 뜻 부분을 합하여 만들었습니다.

많은 사람이 살고 있는 '도시'나 중앙 정부가 있는 '서울'을 뜻합니다.

순서대로 예쁘게 써 보세요.

一 十 土 耂 耂 耂 者 者 者 者ß 都 12획

낱말 都市(도시) : 사람이 많이 살고 정부 기관이나 사업체, 문화 시설 등이 집중되어 있는 곳

住
살 주

살다라는 뜻입니다.
주라고 읽습니다.

글자가 만들어진 과정

亻
主

사람 인의 뜻 부분과
주인 주의 음 부분을
합하여 만들었습니다.

사람이 일정한 곳에서 이사하지 않고 살고 있다는 의미입니다.

순서대로 예쁘게 써 보세요.

ノ 亻 亻 亻 亻 住 住 7획

낱말
住居(주거) : 어떤 곳에 자리 잡고 살고 있음
住民(주민) : 그 땅에 사는 백성

所
바 소

바(곳)라는 뜻입니다.
소라고 읽습니다.

글자가 만들어진 과정

戶 지게 호의 음 부분과

斤 도끼 근의 뜻 부분을 합하여 만들었습니다.

문이 반쯤 열린 것처럼, 통나무가 도끼에 맞아 반쯤 벌어져 있는 그곳을 의미합니다.

 순서대로 예쁘게 써 보세요.

′ 厂 尸 戸 戸 戸 所 所 8획

所				
所				

낱말
住所(주소) : 생활의 본거인 장소
急所(급소) : 이내 생명을 잃을 수 있는 몸의 부분

洞
마을 동

마을이라는 뜻입니다.
동이라고 읽습니다.

글자가 만들어진 과정

氵 물 수의 뜻 부분과

同 한가지 동의 음 부분을 합하여 만들었습니다.

사람이 살아가는 데는 물이 가장 중요하므로 물이 있는 곳에 사람이 모여 산다는 뜻입니다.

순서대로 예쁘게 써 보세요.

丶 丶 冫 氵 汀 洞 洞 洞 洞   9획

낱말
洞口(동구) : 동네 어귀
洞事務所(동사무소) : 동의 행정 사무를 맡아보는 곳

35

地
땅 지

땅이라는 뜻입니다.
지 라고 읽습니다.

글자가 만들어진 과정

土 흙 토의 뜻 부분과

也 어조사 야의 음 부분을 합하여 만든 글자입니다.

구불구불한 뱀 모양 같은 땅의 생김을 본떠서 만든 글자입니다.

순서대로 예쁘게 써 보세요.

一 十 土 圵 地 地 6획

낱말 地層(지층): 지표에서 물·바람 등의 작용으로 침적된 유기물과 무기물, 곧 각종 암석·토사·화성 등의 층

統

거느릴 통
계통 통

거느리다, 계통을 뜻합니다.
통이라고 읽습니다.

글자가 만들어진 과정

糸 실 사의 뜻 부분과

充 채울 충의 음 부분을 합하여 만들었습니다.

실이 길게 이어져 있는 것처럼 사람도 계통이 있다는 것을 의미합니다.

순서대로 예쁘게 써 보세요.

丶 幺 幺 幺 糸 糸 糽 紅 紘 紵 統 12획

낱말
統率力(통솔력) : 어떤 무리를 통솔하는 힘
統制(통제) : 목적을 위하여 어떤 것을 한 원리로 제약하는 일

時
때 시

때 라는 뜻입니다.
시 라고 읽습니다.

글자가 만들어진 과정

日 날 일의 뜻 부분

土 갈 지의 변형의 음 부분

寸 법도 촌의 음 부분이 합하여진 글자입니다.

태양이 일정한 규칙에 의해 돌아가는 것을 의미합니다.

 순서대로 예쁘게 써 보세요.

丨 冂 冃 日 日́ 日⁺ 旷 旷 時 時 10획

낱말
時間表(시간표) : 시간과 일의 배당. 학교 교과를 할당한 표
時差(시차) : 일정한 시간과 시간의 차이

過

지날 과
허물 과

지나다, 허물이라는 뜻입니다.
과라고 읽습니다.

글자가 만들어진 과정

辶 쉬엄쉬엄 갈 착의 뜻 부분과

咼 입 비뚤어질 괘의 음 부분이 합하여진 글자입니다.

비뚤어진 입에서는 말이 잘못 나온다는 의미로 '허물'을 뜻하며, 이미 저질러졌다는 뜻에서 '지나다'로 쓰이기도 합니다.

순서대로 예쁘게 써 보세요.

丨 冂 冂 冃 冎 咼 咼 咼 咼 過 過 過 過 13획

낱 말
過誤(과오): 잘못. 과실. 실책
超過(초과): 일정한 정도를 지나침

現

나타날 현

나타나다라는 뜻입니다.
현이라고 읽습니다.

글자가 만들어진 과정

王 구슬 옥 변형의 뜻 부분과
見 볼 견의 음 부분을 합하여 만들어졌습니다.

더러운 구슬을 갈고 닦으면 아름다운 빛이 나타난다는 의미입니다.

순서대로 예쁘게 써 보세요.

一 二 ⺩ 王 玑 玑 玑 珇 珇 現 現 11획

낱말
現狀(현상) : 현재의 상태. 지금의 형편
出現(출현) : 나타남. 나타나서 보임

宇
집 우

집이라는 뜻입니다.
우라고 읽습니다.

글자가 만들어진 과정

宀 집 면의 뜻 부분과

于 넓고 큰 모양 우의 음 부분을 합하여 만든 글자입니다.

넓은 하늘은 땅을 덮고 있는 지붕이라고 생각하여 '집', '하늘'이라는 의미로 쓰입니다.

순서대로 예쁘게 써 보세요.

丶 丷 宀 宁 宇 宇　6획

낱 말　宇宙空間(우주 공간):우주 전체의 울 안.

 배운 한자를 써 봅시다.

都	住	所	洞	地
도회지 도	살 주	바 소	마을 동	땅 지

배운 한자를 써 봅시다.

統	時	過	現	宇
거느릴 통	때 시	지날 과	나타날 현	집 우

宙
집 주

집이라는 뜻입니다.
주라고 읽습니다.

글자가 만들어진 과정

宀 집 면의 뜻 부분과

由 말미암을 유의 음 부분을 합하여 만든 글자입니다.

하늘과 땅 사이의, 무한하고 넓은 공간을 의미합니다.

순서대로 예쁘게 써 보세요.

丶 丷 宀 宀 宁 宁 宙 宙 8획

낱말 宇宙船(우주선): 사람이나 관측장치 따위를 싣고 대기권 밖 우주 공간을 나는 비행체

陽
볕 양

볕(햇볕)이라는 뜻입니다.
양이라고 읽습니다.

글자가 만들어진 과정

阝 언덕 부 변형의 뜻 부분과

昜 볕 양의 음 부분을 합하여 만든 글자입니다.

햇살이 잘 드는, 남쪽 경사 진 언덕을 나타냅니다.

순서대로 예쁘게 써 보세요.

丶 ㇇ 阝 阝' 阝冂 阝日 阝旦 阝昜 陽 陽 12획

낱말
陽地(양지) : 볕이 바로 드는 땅
陽性(양성) : 양의 성질. 적극적이고 활발한 성질

학교 교

학교라는 뜻입니다.
교라고 읽습니다.

글자가 만들어진 과정

木 나무 목의 뜻 부분과

交 엇걸 교의 음 부분을 합하여 만들었습니다.

비틀어진 나무를 묶어 바로 잡는다는 의미로, 사람을 올바르게 인도하는 '학교'를 뜻합니다.

 순서대로 예쁘게 써 보세요.

一 十 ナ オ 木 木 朽 校 杦 校 10획

낱말
學校(학교) : 교육을 실시하는 기관
校長(교장) : 학교에서 교무를 통괄하는 최고 행정 직책

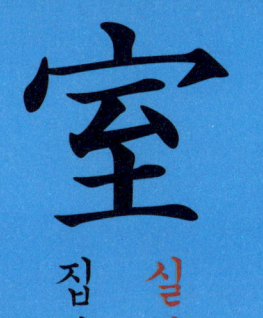

집 실
방 실

집, 방이라는 뜻입니다.
실이라고 읽습니다.

글자가 만들어진 과정

宀 집 면의 뜻 부분과

至 이를 지의 음 부분을 합하여 만들었습니다.

사람이 이르러 사는 곳이라는 의미입니다.

순서대로 예쁘게 써 보세요.

丶 丷 宀 宀 宀 宏 宏 宰 室   9획

낱말	寢室(침실): 잠을 자도록 마련된 방
	養護室(양호실): 양호 교사가 학생의 보건 관리를 하는 방

德
큰 덕

크다라는 뜻입니다.
덕이라고 읽습니다.

글자가 만들어진 과정

彳 자축거릴 척의 뜻 부분

直 곧을 직 변형의 음 부분

心 마음 심의 음 부분이 합하여진 글자입니다.

말과 행동을 바르게 실천하는, 학문과 인격이 높은 덕망을 의미합니다.

순서대로 예쁘게 써 보세요.

丶 ノ 彳 彳 彳 彳 彳 彳 彳 彳 德 德 德 德 德   15획

낱말
德望(덕망): 유덕한 명망
德性(덕성): 어질고 너그러운 성질

語
말씀 어

말이라는 뜻입니다.
어 라고 읽습니다.

글자가 만들어진 과정

言
吾

말씀 언의 뜻 부분과
나 오의 음 부분을
합한 글자입니다.

자기 생각을 말로 나타내
는 것을 의미합니다.

순서대로 예쁘게 써 보세요.

丶 亠 ㆍ 言 言 言 言 訂 訅 語 語 語 語 14획

낱 말
英語(영어) : 영국 언어
國語(국어) : 우리나라 언어

數

헤아릴 수
수

헤아리다, 수라는 뜻입니다.
수라고 읽습니다.

글자가 만들어진 과정

婁 어리석을 루의 음 부분과

攵 칠 복의 변형 뜻 부분을 합한 글자입니다.

어리석은 사람이 물건을 툭툭 쳐 가며 숫자를 헤아린다는 의미입니다.

순서대로 예쁘게 써 보세요.

15획

낱말
數學(수학): 수량 및 공간의 성질에 관하여 연구하는 학문
數値(수치): 계산하여 얻은 값

쇠 금

쇠를 뜻합니다.
금이라고 읽습니다.

글자가 만들어진 과정

金 → 金 → 金

土(흙 토)에 丶丶(광석을 뜻함)과 스(덮인 모양)을 합하여 만든 글자이며, 흙 속에 있는 빛나는 광석이 금이라는 뜻입니다. 성으로 쓰일 때에는 '김'이라고 읽습니다.

순서대로 예쁘게 써 보세요.

ノ 人 ㅅ 仐 숟 仐 余 金 8획

낱 말 金言(금언) : 생활의 본보기가 될 귀중한 내용의 짧은 말
入金(입금) : 돈이 들어옴

靑
푸를 청

푸르다라는 뜻입니다.
청이라고 읽습니다.

글자가 만들어진 과정

主(날 생의 변형)에 丹(둥굴을 뜻함)을 합하여 만든 글자입니다. 풀과 나무가 싹틀 때에 푸른빛이 난다는 의미로 '푸름'을 뜻하며, '젊다'라는 뜻으로도 쓰입니다.

순서대로 예쁘게 써 보세요.

一 ＝ ‡ 主 丰 靑 靑 靑   8획

낱말
靑山(청산) : 푸릇푸릇하게 나무가 우거진 산
靑出於籃(청출어람) : 스승에 비해 제자가 더 뛰어남

누를 황

누렇다라는 뜻입니다.
황이라고 읽습니다.

글자가 만들어진 과정

艾(빛 광의 옛자)에 田(밭 전)을 합하여 만든 글자입니다. 밭 빛깔이 누렇다는 뜻입니다.

순서대로 예쁘게 써 보세요.

一 十 卄 卅 丱 芇 苎 苦 苗 黃 黃 12획

낱말
黃金(황금): 금. 돈
黃菊(황국): 노란 국화

 배운 한자를 써 봅시다.

宙	陽	校	室	德
집 주	볕 양	학교 교	집 실	큰 덕

 배운 한자를 써 봅시다.

語	數	金	靑	黃
말씀 **어**	헤아릴 **수**	쇠 **금**	푸를 **청**	누를 **황**

 배운 한자의 뜻과 음을 써 봅시다.

11. 低 (　　　　)

12. 速 (　　　　)

13. 海 (　　　　)

1. 少 (　　　　)   14. 洋 (　　　　)

2. 客 (　　　　)   15. 江 (　　　　)

3. 童 (　　　　)   16. 湖 (　　　　)

4. 重 (　　　　)   17. 漁 (　　　　)

5. 花 (　　　　)   18. 村 (　　　　)

6. 草 (　　　　)   19. 苦 (　　　　)

7. 夏 (　　　　)   20. 鮮 (　　　　)

8. 秋 (　　　　)

9. 前 (　　　　)

10. 進 (　　　　)

21. 都 (　　　　)

22. 住 (　　　　)

23. 所 (　　　　)

24. 洞 (　　　　)

25. 地 (　　　　)

26. 統 (　　　　)

27. 時 (　　　　)

28. 過 (　　　　)

29. 現 (　　　　)

30. 宇 (　　　　)

31. 宙 (　　　　)

32. 陽 (　　　　)

33. 校 (　　　　)

34. 室 (　　　　)

35. 德 (　　　　)

36. 語 (　　　　)

37. 數 (　　　　)

38. 金 (　　　　)

39. 青 (　　　　)

40. 黃 (　　　　)

南
남녘 남

남녘(남쪽)이라는 뜻입니다.
남이라고 읽습니다.

글자가 만들어진 과정

온실 안의 화초에서 싹이 나온 모양을 본떠 만든 글자입니다. 나무나 풀의 싹은 따뜻한 곳에서 빨리 나오므로 그 방향을 가리켜 '남녘', '남쪽'이란 뜻을 나타냅니다.

순서대로 예쁘게 써 보세요.

一 十 广 冇 冇 南 南 南 南　9획

낱말　南極大陸(남극 대륙): 남극을 중심으로 한, 기후가 한랭하고 펭귄, 고래 등 지의류가 사는 대륙

貴
귀할 귀

귀하다는 뜻입니다.
귀라고 읽습니다.

글자가 만들어진 과정

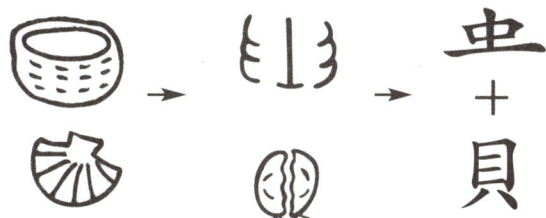

삼태기 모양인 虫와 貝(조개 패)를 합하여 만든 글자입니다. 삼태기 같은 광주리에 돈을 가득 담아 놓아서 돈이 많고 지위가 높은 '귀인', '귀하다'의 뜻으로 쓰입니다.

순서대로 예쁘게 써 보세요.

丶 口 口 中 虫 史 丵 青 青 昔 貴 貴 12획

| 낱말 | 貴重品(귀중품) : 중요한 물건
貴賤(귀천) : 귀하고 천함 |

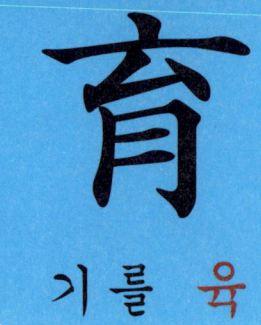

育
기를 육

기르다라는 뜻입니다.
육이라고 읽습니다.

글자가 만들어진 과정

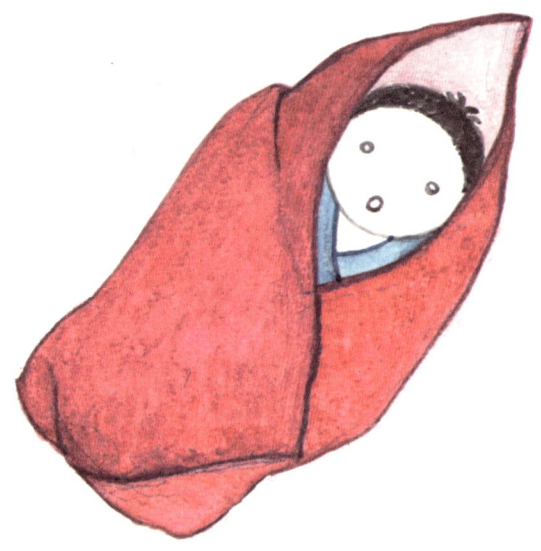

갓난아이를 뜻하는 云에 月(肉:고기 육의 변형)을 합하여 만든 글자입니다. 어머니가 뱃속에서 갓 태어난 아이를 정성껏 키운다는 의미로 '기르다', '자라다'라는 뜻입니다.

 순서대로 예쁘게 써 보세요.

丶 亠 䒑 云 亠 育 育 育   8획

育				
育				

낱말
育成(육성):길러서 키움
育兒(육아):어린아이를 기름

空
빌 공

비다라는 뜻입니다.
공이라고 읽습니다.

글자가 만들어진 과정

穴(굴 혈)과 工(장인 공)을 합하여 만든 글자입니다. 흙을 파내어 만든 굴속은 비어 있다는 의미로 '비다'를 뜻하며, '하늘'의 뜻으로 쓰이기도 합니다.

순서대로 예쁘게 써 보세요.

丶 丷 宀 宀 穴 空 空 空 8획

| 낱 말 | 空間(공간): 모든 방향으로 끝없이 퍼져 있는 빈 곳
空氣(공기): 지구를 둘러싸고 있는 무색 투명한 기체 |

受
받을 수

받는다라는 뜻입니다.
수라고 읽습니다.

글자가 만들어진 과정

물건을 건네주는 손을 뜻하는 爫와 물건을 받는 손을 뜻하는 又를 합하여 만든 글자입니다. 위에서 건네주는 물건을 손으로 받는다는 뜻입니다.

 순서대로 예쁘게 써 보세요.

一 ㄔ ㄔ ㄔ ㄔ ㄔ 爭 受 8획

낱말 受任(수임) : 임명이나 임무를 받음
      受領證(수령증) : 물품이나 금전을 받아들였다는 표

哀
슬플 애

슬프다라는 뜻입니다.
애라고 읽습니다.

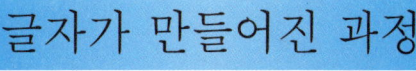

글자가 만들어진 과정

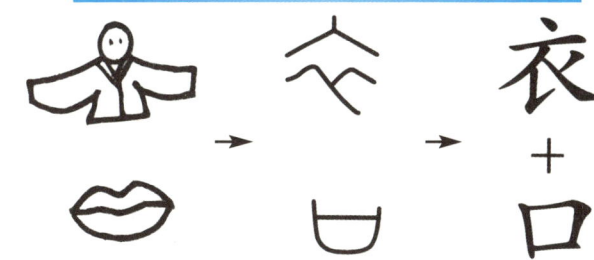

衣(옷 의)에 口(입 구)를 합하여 만든 글자입니다. 옷깃으로 눈물을 닦으며 소리 내어 운다는 의미입니다.

 순서대로 예쁘게 써 보세요.

丶 亠 宀 宀 宀 㐭 㐭 㐭 哀 9획

낱말
哀悼(애도) : 사람의 죽음을 슬퍼함
哀曲(애곡) : 슬픈 곡조

考
상고할 고

상고하다(생각하다)
라는 뜻입니다.
고 라고 읽습니다.

글자가 만들어진 과정

耂(老의 획 줄임)에 丂(굽다를 뜻함)을 합하여 만든 글자입니다. 늙으면 허리는 굽지만 모든 일을 깊이 생각한다는 의미에서 '상고하다', '생각하다' 라는 뜻으로 쓰입니다.

순서대로 예쁘게 써 보세요.

一 十 土 耂 耂 考   6획

낱말
深思熟考(심사숙고):깊이 잘 생각함
考慮(고려):생각하여 봄

存
있을 존

있다라는 뜻입니다.
존이라고 읽습니다.

글자가 만들어진 과정

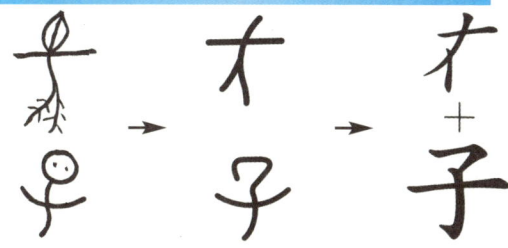

才(才:초목이 싹트는 모양)에 子(아들 자)를 합하여 만든 글자입니다. 새싹같이 연약한 어린 아이를 불쌍히 여겨 보살핀다는 의미로 어린아이가 '(~이) 있음'을 나타냅니다.

순서대로 예쁘게 써 보세요.

一 ナ 才 存 存 存 6획

낱말
存亡(존망) : 존재와 멸망
存在(존재) : 거기 혹은 현실에 있음

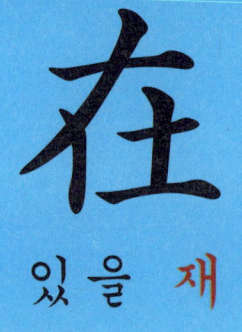

在 있을 재

있다라는 뜻입니다.
재라고 읽습니다.

글자가 만들어진 과정

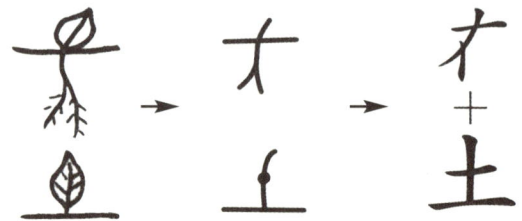

才(才:초목이 싹트는 모양)에 土를 합하여 만든 글자입니다. 새싹이 흙에 뿌리를 박고 있다는 의미로 널리 땅 위에 물건이 존재한다는, '(~이) 있음'이라는 뜻입니다.

 순서대로 예쁘게 써 보세요.

一 ナ 才 存 在 在 6획

낱말
在來(재래) : 전부터 있어 내려옴
在美(재미) : 미국에 체류하고 있음

정할 정

정하다라는 뜻입니다.
정이라고 읽습니다.

글자가 만들어진 과정

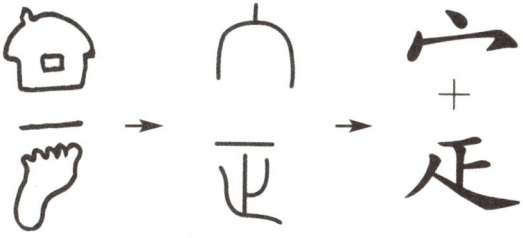

집 모양을 뜻하는 宀와 疋 (正:바를 정의 변형)을 합하여 만든 글자입니다. 집을 흔들리지 않게 바르게 지어야 안전하다는 의미입니다.

순서대로 예쁘게 써 보세요.

丶 丷 宀 宀 宁 宇 宇 定 定   8획

낱말
定期(정기): 정한 기한이나 기간
定食(정식): 일정한 격식에 따라 차리는 음식

 배운 한자를 써 봅시다.

南	貴	育	空	受
남녘 **남**	귀할 **귀**	기를 **육**	빌 **공**	받을 **수**

배운 한자를 써 봅시다.

哀	考	存	在	定
슬플 애	상고할 고	있을 존	있을 재	정할 정

可
옳을 가

옳**다**라는 뜻입니다.
가라고 읽습니다.

글자가 만들어진 과정

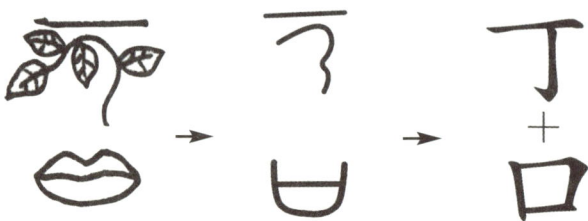

丁(막힘을 뜻함)에 口를 합하여 만든 글자입니다. 입을 크게 벌림으로써 막혔던 말이 튀어나온다는 의미로 '할 수 있다', '옳다'의 뜻입니다.

순서대로 예쁘게 써 보세요.

一 丁 可 可 可 5획

낱말
可能(가능) : 할 수 있음. 될 수 있음
可燃性(가연성) : 불에 타기 쉬운 성질

句
글귀 구

글귀라는 뜻입니다.
구라고 읽습니다.

글자가 만들어진 과정

勹(쌀 포)에 口(입 구)를 합하여 만든 글자입니다. 勹는 자는 사람이 숨 쉴 때의 가슴 모양인데, 입으로 단숨에 읽을 수 있는 '글귀'를 뜻합니다.

순서대로 예쁘게 써 보세요.

丿 勹 勽 句 句　5획

낱 말
句節(구절): 구와 절. 한 토막의 말이나 글
句引(구인): 잡아당김

完
완전할 완

완전하다라는 뜻입니다.
완이라고 읽습니다.

글자가 만들어진 과정

宀(집 모양을 뜻함)에 元을 합하여 만든 글자입니다. 집에 모자라는 것 없이 다 갖추고 있어서 완전하다는 뜻입니다.

순서대로 예쁘게 써 보세요.

丶 丷 宀 宁 宁 宇 完　7획

낱말	完璧(완벽) : 흠이 없는 구슬. 결점 없이 훌륭함
	完備(완비) : 빠짐없이 완전히 구비함

年
해 년

해, 나이라는 뜻입니다.
년이라고 읽습니다.

글자가 만들어진 과정

禾(벼 화)에 人을 합하여 만든 글자입니다. 사람이 잘 익은 벼나 곡식을 베어 등에 지고 집으로 온다는 뜻으로, 곡식은 한 해에 한 번씩 익기 때문에 '해', '나이'의 뜻으로 쓰입니다.

순서대로 예쁘게 써 보세요.

ノ ㅗ ㄷ ㄷ ㅌ 年 6획

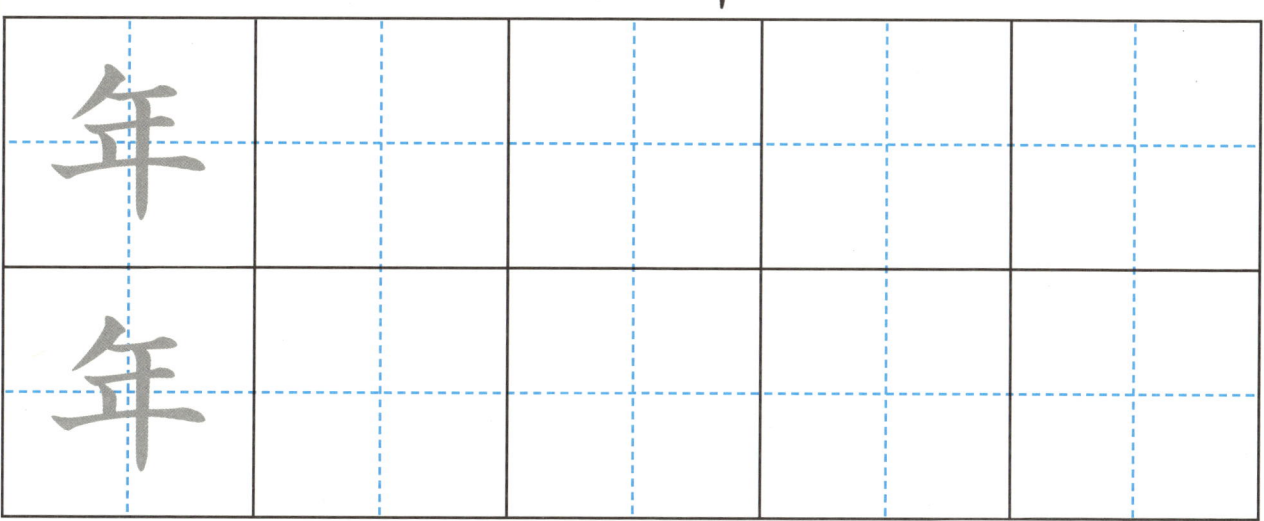

낱말
隔年(격년) : 한 해 걸러 한 해씩
年齡(연령) : 나이

밤 야

밤이라는 뜻입니다.
야라고 읽습니다.

글자가 만들어진 과정

夕(저녁 석)과 亦(또 역)을 합하여 만든 글자입니다. 모든 일을 끝내고 쉴 수 있는 때가 밤이라는 뜻입니다.

순서대로 예쁘게 써 보세요.

丶 一 广 亠 疒 夜 夜 夜 8획

| 낱 말 | 夜行性(야행성) : 여러 활동을 밤에 하는 동물의 습성 |
| | 夜襲(야습) : 적을 밤에 습격함 |

일백 백

백이라는 뜻입니다.
백이라고 읽습니다.

글자가 만들어진 과정

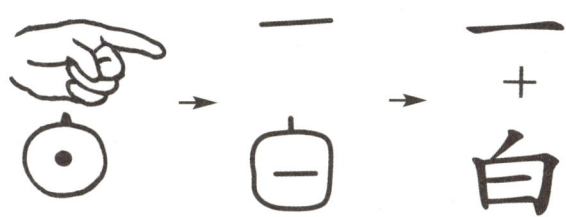

하나에서부터 백에 이르면 크게 외치면서 백을 알린다는 의미입니다. 숫자 '100'과 같은 뜻의 글자입니다.

순서대로 예쁘게 써 보세요.

一 丆 丆 丆 百 百 6획

낱 말
百戰百勝(백전백승) : 싸울 때마다 모두 이김
百日祈禱(백일기도) : 백일을 정하여 드리는 기도

일천 천

천이라는 뜻입니다.
천이라고 읽습니다.

글자가 만들어진 과정

숫자 '천'의 뜻을 나타냅니다.

순서대로 예쁘게 써 보세요.　一 二 千　3획

| 낱 말 | 千萬多幸(천만다행) : 매우 다행함 |
| | 千里馬(천리마) : 하루에 천 리를 달릴 만큼 썩 좋은 말 |

갈 거

가다라는 뜻입니다.
거라고 읽습니다.

글자가 만들어진 과정

土(뚜껑을 뜻함)에 厶(그릇을 뜻함)을 합하여 만든 글자입니다. 솥뚜껑을 열고 밥을 떠서 작은 그릇에 담는다는 뜻에서 '덜다', '가다'라는 의미입니다.

순서대로 예쁘게 써 보세요.

一 十 土 去 去 5획

| 낱말 | 去皮(거피) : 껍질을 벗겨 버림
去勢(거세) : 지난해. 거년 |

숭상할 상

숭상하다라는 뜻입니다.
상이라고 읽습니다.

글자가 만들어진 과정

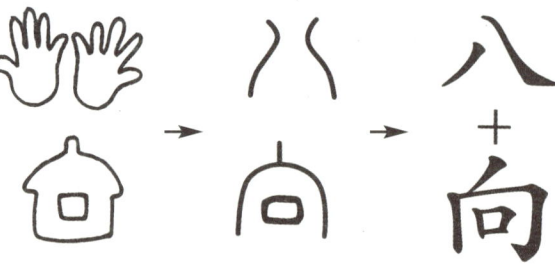

八(나눌 팔)과 向(향할 향)을 합하여 만든 글자입니다. 공기가 위를 향하여 올라간다는 의미로 '놓이다', '숭상하다' 라는 뜻입니다.

순서대로 예쁘게 써 보세요.

丨 丬 丬 丬 尚 尚 尚 尚 8획

낱말
崇尚(숭상): 높여 소중히 여김
高尚(고상): 인품이나 학문, 취미 따위의 정도가 높음

固
굳을 고

굳다라는 뜻입니다.
고라고 읽습니다.

글자가 만들어진 과정

口 + 古 → 固

口(울타리 모양의 성을 뜻함)과 古(옛 고)를 합하여 만든 글자입니다. 오래 걸려 쌓은 성일수록 굳고 튼튼하다는 의미로, '굳다' 라는 뜻입니다.

순서대로 예쁘게 써 보세요.

丨 冂 冂 冃 冃 周 固 固 8획

낱말
堅固(견고) : 굳고 튼튼함
固體(고체) : 일정한 형상과 부피를 가진 물체

 배운 한자를 써 봅시다.

可	句	完	年	夜
옳을 가	글귀 구	완전할 완	해 년	밤 야

배운 한자를 써 봅시다.

百	千	去	尚	固
일백 **백**	일천 **천**	갈 **거**	숭상할 **상**	굳을 **고**

둥글 원

둥글다라는 뜻입니다.
원이라고 읽습니다.

글자가 만들어진 과정

口 + 員 → 圓

口(울타리를 뜻함)에 員(관원 원)을 합한 글자. 울타리의 둘레가 둥글다는 데서 '둥글다'라는 뜻으로 쓰입니다. 화폐 단위로도 쓰입니다.

순서대로 예쁘게 써 보세요.

낱 말	圓周率(원주율) : 원주와 그 직경의 비
	圓滿(원만) : 충분히 가득 차서 결함이나 부족함이 없음

星
별 성

별을 뜻합니다.
성이라고 읽습니다.

글자가 만들어진 과정

 → 星

日(날 일)과 生(날 생)을 합하여 만든 글자입니다. 해처럼 반짝이는 빛이 생겨나는 '별'을 의미합니다.

순서대로 예쁘게 써 보세요.

丨 冂 冂 日 旦 見 旱 星 星 9획

星				
星				

낱 말 北極星(북극성) : 작은곰자리의 주성. 위치가 변하지 않아 밤에 북쪽 방위의 지침이 됨

理
다스릴 리

다스리다라는 뜻입니다.
리라고 읽습니다.

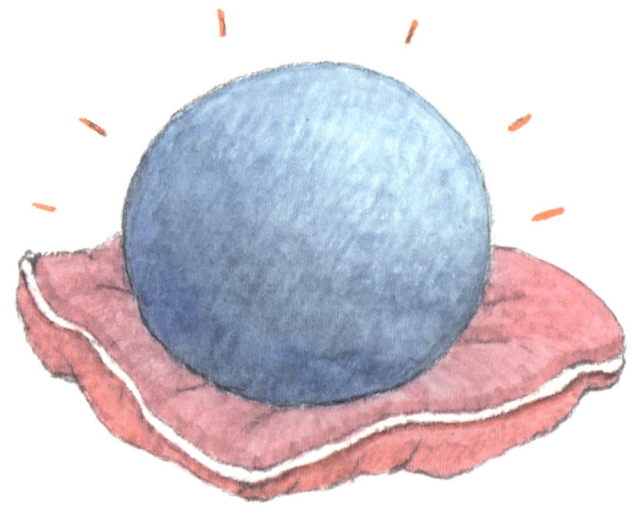

글자가 만들어진 과정

玉(玉:구슬 옥의 획 줄임)과 里(마을 리)를 합하여 만든 글자입니다. 구슬 모양이 잘 나타나도록 닦았다는 의미로, 이치에 맞게 '다스리다'라는 것을 의미합니다.

순서대로 예쁘게 써 보세요.

낱 말
處理(처리) : 일을 다스려 해결해 감
理致(이치) : 사물의 정당성. 도리에 맞는 취지

動
움직일 동

움직이다라는 뜻입니다.
동이라고 읽습니다.

글자가 만들어진 과정

重 + 力 → 動

重(무거울 중)과 力(힘 력)을 합하여 만든 글자입니다. 무거운 것을 힘을 들여 움직인다는 의미입니다.

 순서대로 예쁘게 써 보세요.

丿 二 千 𠂉 𠂎 𠂏 亘 車 重 動 動 11획

動				
動				

낱말
動作(동작) : 손과 발이 움직이는 짓
動力(동력) : 어떠한 물체를 움직이게 하는 힘

 배운 한자를 써 봅시다.

圓	星	理	動	
둥글 원	별 성	다스릴 리	움직일 동	

 배운 한자의 뜻과 음을 써 봅시다.

1. 南 (　　　)
2. 貴 (　　　)
3. 育 (　　　)
4. 空 (　　　)
5. 受 (　　　)
6. 哀 (　　　)
7. 考 (　　　)
8. 存 (　　　)
9. 在 (　　　)
10. 定 (　　　)
11. 可 (　　　)
12. 句 (　　　)
13. 完 (　　　)

14. 年 (　　　)
15. 夜 (　　　)
16. 百 (　　　)
17. 千 (　　　)
18. 去 (　　　)
19. 尚 (　　　)
20. 固 (　　　)
21. 圓 (　　　)
22. 星 (　　　)
23. 理 (　　　)
24. 動 (　　　)

이 책의 그림을 그려주신 홍태희 선생님은,
세종대학교와 PARIS8 대학에서 서양화를 공부하셨습니다.
외국어 학원, 미술학원, 유치원에서 학생 지도를 하시면서
어린이에게 꼭 필요한 책을 기획하고 계십니다.

감수를 맡아주신 안문길 선생님은,
고려대학교 국문학과를 졸업하셨으며,
중암고등학교에서 국어교사로 재직하셨고
현재는 소설가로 활동하고 계십니다.

한자, 원리를 알면 쉽게 배운다 ④
스토리텔링으로 배우는 형성한자

초판 1쇄 인쇄 2015년 12월 1일
초판 1쇄 발행 2015년 12월 10일

기획·편집 어린이 선비교실
그　　림 홍태희
감　　수 안문길
펴　낸　이 김종윤
펴　낸　곳 자유지성사
출 판 등 록 제 2-1173호

전화 02) 333-9535
팩스 02) 6280-9535
E-mail: fibook@naver.com

ISBN 978-89-7997-318-1 (73720)

*잘못된 책은 구입하신 서점에서 교환해 드립니다.
*엮은이와 협의에 의해 인지는 생략합니다.